Es kommt ein Schiff

Gedichte und Bilder
zu Weihnachten

ausgewählt von
Gottfried Natalis

Insel Verlag

Insel-Bücherei Nr. 1389

Inhalt

Wachet auf, ruft uns die Stimme

Ehre sei Gott in der Höhe,
und Friede auf Erden

Mehr konnte die Welt
für den Christ nicht tun

Es kommt ein Schiff, geladen
bis an sein' höchsten Bord

Wachet auf, ruft uns die Stimme
der Wächter sehr hoch auf der Zinne,
wach auf, du Stadt Jerusalem.
Mitternacht heißt diese Stunde;
sie rufen uns mit hellem Munde:
Wo seid ihr klugen Jungfrauen?

Philipp Nicolai

Ein Winterabend

Wenn der Schnee ans Fenster fällt,
Lang die Abendglocke läutet,
Vielen ist der Tisch bereitet
Und das Haus ist wohlbestellt.

Mancher auf der Wanderschaft
Kommt ans Tor auf dunklen Pfaden.
Golden blüht der Baum der Gnaden
Aus der Erde kühlem Saft.

Wanderer tritt still herein;
Schmerz versteinerte die Schwelle.
Da erglänzt in reiner Helle
Auf dem Tische Brot und Wein.

Georg Trakl

O Heiland, reiss die Himmel auf

O Heiland, reiß die Himmel auf,
herab, herab vom Himmel lauf,
reiß ab vom Himmel Tor und Tür,
reiß ab, wo Schloß und Riegel für.

O Gott, ein' Tau vom Himmel gieß;
im Tau herab, o Heiland, fließ.
Ihr Wolken, brecht und regnet aus
den König über Jakobs Haus.

O Erd, schlag aus, schlag aus, o Erd,
daß Berg und Tal grün alles werd.
O Erd, herfür dies Blümlein bring,
o Heiland, aus der Erden spring.

Wo bleibst Du, Trost der ganzen Welt,
darauf sie all ihr Hoffnung stellt?
O komm, ach komm vom höchsten Saal,
komm tröst uns hie im Jammertal.

O klare Sonn, Du schöner Stern,
Dich wollten wir anschauen gern.
O Sonn, geh auf, ohn Deinen Schein
in Finsternis wir alle sein.

Hie leiden wir die größte Not,
vor Augen steht der ewig Tod;
ach komm, führ uns mit starker Hand
vom Elend zu dem Vaterland.

Da wollen wir all danken Dir,
unserm Erlöser, für und für.
Da wollen wir all loben Dich
je allzeit immer und ewiglich.

Friedrich von Spee

Wo bleibst du Trost der ganzen Welt?
Herberg' ist dir schon längst bestellt.
Verlangend sieht ein jedes dich,
Und öffnet deinem Segen sich.

Geuß, Vater, ihn gewaltig aus,
Gib ihn aus deinem Arm heraus:
Nur Unschuld, Lieb' und süße Scham
Hielt ihn, daß er nicht längst schon kam.

Treib ihn von dir in unsern Arm,
Daß er von deinem Hauch noch warm;
In schweren Wolken sammle ihn
Und laß ihn so hernieder ziehn.

In kühlen Strömen send' ihn her,
In Feuerflammen lodre er,
In Luft und Öl, in Klang und Tau
Druchdring' er unsrer Erde Bau.

So wird der heil'ge Kampf gekämpft,
So wird der Hölle Grimm gedämpft,
Und ewig blühend geht allhier
Das alte Paradies herfür.

Die Erde regt sich, grünt und lebt,
Des Geistes voll ein jedes strebt
Den Heiland lieblich zu empfahn
Und beut die vollen Brüst' ihm an.

Der Winter weicht, ein neues Jahr
Steht an der Krippe Hochaltar.
Es ist das erste Jahr der Welt.
Die sich dies Kind erst selbst bestellt.

Die Augen sehn den Heiland wohl,
Und doch sind sie des Heilands voll,
Von Blumen wird sein Haupt geschmückt,
Aus denen er selbst holdselig blickt.

Er ist der Stern, er ist die Sonn',
Er ist des ewgen Lebens Bronn,
Aus Kraut und Stein und Meer und Licht
Schimmert sein kindlich Angesicht.

In allen Dingen sein kindlich Thun.
Seine heiße Liebe wird nimmer ruhn,
Er schmiegt sich seiner unbewußt
Unendlich fest an jede Brust.

Ein Gott für uns, ein Kind für sich
Liebt er uns all' herzinniglich,
Wird unsre Speis' und unser Trank,
Treusinn ist ihm der liebste Dank.

Das Elend wächst je mehr und mehr,
Ein düstrer Gram bedrückt uns sehr,
Laß, Vater, den Geliebten gehn,
Mit uns wirst du ihn wieder sehn.

Novalis

Advent

Es treibt der Wind im Winterwalde
die Flockenherde wie ein Hirt,
und manche Tanne ahnt, wie balde
sie fromm und lichterheilig wird;
und lauscht hinaus. Den weißen Wegen
streckt sie die Zweige hin – bereit,
und wehrt dem Wind und wächst entgegen
der einen Nacht der Herrlichkeit.

Rainer Maria Rilke

Weihnachtslied

O Jesu, was bist du lang ausgewesen,
o Jesu Christ!
Die sich den Pfennig im Schnee auflesen,
sie wissen nicht mehr, wo du bist.

Sie schreien, was hast du sie ganz vergessen,
sie schreien nach dir, o Jesu Christ!
Ach kann denn dein Blut, ach kann es ermessen,
was alles salzig und bitter ist?

Die Trän' der Welt, den Herbst von Müttern,
spürst du das noch, o Jesuskind?
Und wie sie alle im Hungerhemd zittern
und krippennackt und elend sind!

O Jesu, was bist du lang ausgeblieben
und ließest die Kindlein irgendstraßfern.
Die hätten die Hände gern warm gerieben
im Winter an deinem Stern.

Peter Huchel

Ehre sei Gott in der Höhe,
und Friede auf Erden,
und den Menschen ein Wohlgefallen.

Lukas 2, 14

Ich steh an deiner Krippen hier

Ich steh an deiner Krippen hier,
O Jesulein, mein Leben;
Ich komme, bring und schenke dir,
Was du mir hast gegeben.
Nimm hin, es ist mein Geist und Sinn,
Herz, Seel und Mut, nimm alles hin
Und laß dir's wohlgefallen.

Du hast mit deiner Lieb erfüllt
Mein Adern und Geblüte,
Dein schöner Glanz, dein süßes Bild
Liegt mir ganz im Gemüte.
Und wie mag es auch anders sein:
Wie könnt ich dich, mein Herzelein,
Aus meinem Herzen lassen!

Da ich noch nicht geboren war,
Da bist du mir geboren
Und hast mich dir zu eigen gar,
Eh ich dich kannt, erkoren.
Eh ich durch deine Hand gemacht,
Da hast du schon bei dir bedacht,
Wie du mein wolltest werden.

Ich lag in tiefster Todesnacht,
Du warest meine Sonne,
Die Sonne, die mir zugebracht
Licht, Leben, Freud und Wonne.
O Sonne, die das werte Licht
Des Glaubens in mir zugericht't,
Wie schön sind deine Strahlen!

Ich sehe dich mit Freuden an
Und kann mich nicht satt sehen,
Und weil ich nun nicht weiter kann,
So tu ich, was geschehen.
O daß mein Sinn ein Abgrund wär
Und meine Seel ein weites Meer,
Daß ich dich möchte fassen!

Vergönne mir, o Jesulein,
Daß ich dein Mündlein küsse,
Das Mündlein, das den süßen Wein,
Auch Milch und Honigflüsse
Weit übertrifft in seiner Kraft,
Es ist voll Labsal, Stärk und Saft,
Der Mark und Bein erquicket.

Wenn oft mein Herz im Leibe weint
Und keinen Trost kann finden,
Da ruft mir's zu: Ich bin dein Freund,
Ein Tilger deiner Sünden!

Was trauerst du, mein Brüderlein?
Du sollst ja guter Dinge sein,
Ich zahle deine Schulden.

Wer ist der Meister, der allhier
Nach Würden aus kann streichen
Die Händlein, so dies Kindlein mir
Beginnet zuzureichen?
Der Schnee ist hell, die Milch ist weiß,
Verlieren doch beid ihren Preis,
Wann diese Händlein blicken.

Wo nehm ich Weisheit und Verstand,
Mit Lobe zu erhöhen
Die Äuglein, die so unverwandt
Nach mir gerichtet stehen?
Der volle Mond ist schön und klar,
Schön ist der güldnen Sterne Schar,
Dies' Äuglein sind viel schöner.

O daß doch ein so lieber Stern
Soll in der Krippen liegen!
Für edle Kinder großer Herrn
Gehören güldne Wiegen.
Ach, Heu und Stroh ist viel zu schlecht,
Samt, Seide, Purpur wären recht,
Dies Kindlein drauf zu legen.

Nehmt weg das Stroh, nehmt weg das Heu,
Ich will mir Blumen holen,
Daß meines Heilands Lager sei
Auf Kränzen und Violen.
Mit Rosen, Nelken, Rosmarin
Aus schönen Gärten will ich ihn
Von obenher bestreuen.

Zur Seiten will ich hie und da
Viel weiße Lilien stecken,
Die sollen seiner Äuglein Paar
Im Schlafe sanft bedecken.
Doch liebt viel mehr das dürre Gras
Dies Kindelein, als alles das,
Was ich hier nenn und denke.

Du fragest nicht nach Lust der Welt
Noch nach des Leibes Freuden,
Du hast dich bei uns eingestellt,
An unsrer Statt zu leiden,
Suchst meiner Seelen Herrlichkeit,
Durch dein selbsteignes Herzeleid,
Das will ich dir nicht wehren.

Eins aber, hoff ich, wirst du mir,
Mein Heiland, nicht versagen:
Daß ich dich möge für und für
In, bei und an mir tragen.

So laß mich doch dein Kripplein sein;
Komm, komm und lege bei mir ein
Dich und all deine Freuden.

Zwar sollt ich denken, wie gering
Ich dich bewirten werde,
Du bist der Schöpfer aller Ding,
Ich bin nur Staub und Erde.
Doch bist du so ein frommer Gast,
Daß du noch nie verschmähet hast
Den, der dich gerne siehet.

Paul Gerhardt

Geburt Christi

Hättest du der Einfalt nicht, wie sollte
dir geschehn, was jetzt die Nacht erhellt?
Sieh, der Gott, der über Völkern grollte,
macht sich mild und kommt in dir zur Welt.

Hast du dir ihn größer vorgestellt?

Was ist Größe? Quer durch alle Maße,
die er durchstreicht, geht sein grades Los.
Selbst ein Stern hat keine solche Straße.
Siehst du, diese Könige sind groß,

und sie schleppen dir vor deinen Schooß

Schätze, die sie für die größten halten,
und du staunst vielleicht bei dieser Gift –:
aber schau in deines Tuches Falten,
wie er jetzt schon alles übertrifft.

Aller Amber, den man weit verschifft,

jeder Goldschmuck und das Luftgewürze,
das sich trübend in die Sinne streut:
alles dieses war von rascher Kürze,
und am Ende hat man es bereut.

Aber (du wirst sehen): Er erfreut.

Rainer Maria Rilke

Zu Bethlehem geboren

Zu Bethlehem geboren
ist uns ein Kindelein.
Das hab ich auserkoren,
sein eigen will ich sein.
Eja, eja, sein eigen will ich sein.

In seine Lieb versenken
will ich mich ganz hinab,
mein Herz will ich ihm schenken
und alles, was ich hab.

»O Kindelein, von Herzen
will ich Dich lieben sehr
in Freuden und in Schmerzen,
je länger mehr und mehr.

Dich, wahren Gott, ich finde
in meinem Fleisch und Blut,
darum ich fest mich binde
an Dich, mein höchstes Gut.

Dazu Dein Gnad mir gebe,
bitt ich aus Herzens Grund,
daß ich allein Dir lebe
jetzt und zu aller Stund.

Laß mich von Dir nicht scheiden,
knüpf zu, knüpf zu das Band
der Liebe zwischen beiden.
Nimm hin mein Herz zum Pfand.«

Friedrich von Spee

Weihnachtsode

Die Nacht ist hin, nun wird es Licht,
Da Jacobs Stern die Wolken bricht.
Ihr Völker, hebt die Häupter auf
Und merkt der goldnen Zeiten Lauf!

Du süßer Zweig aus Jesse Stamm,
Mein Heil, mein Fürst, mein Schatz, mein Lamm,
Ach, schau doch hier mit Freuden her,
Wie mein Herz die Wiege wär!

Ach komm doch, liebster Seelenschatz!
Der Glaube macht dir reinen Platz,
Die Liebe steckt das Feuer an,
Das auch den Stall erleuchten kann.

Ihr Töchter Salems, küßt den Sohn!
Des Höchsten Liebe brennet schon.
Kommt, küßt das Kind! Es stillt den Zorn.
Ach, nun erhebt der Herr mein Horn!

Johann Christian Günther

Dezembernacht

Feldhüter haben in einem Geräteschuppen
(Steckrübenacker, Pflaumenbäume, Flußwind)
Eine Geburt aufgespürt, hier unzulässig.
Flüchtlinge gehören ins Lager und registriert.
Der Schafhirt kam dazu, ein junger Mann,
Der ging mit einem Stecken übers Mondfeld.
Sein Hund mit Namen Wasser sprang an der Hütte hoch.
Ein Alter drinnen gab Auskunft, er sei nicht der Vater.
Die Feldhüter verlangten Papiere. Das Neugeborene schrie.
Die Schafe versperrten die Straße. Drei Automobile
Ein Mercedes, ein Bentley, eine Isetta hielten an.
Drei Herren stiegen aus, drei Frauen, schöner als Engel,
Fragten, wo sind wir, spielten mit den Lämmern.
Spenden Sie etwas, sagten die Feldhüter.
Da gaben sie ihnen
Ein Parfüm von Dior, einen Pelz, einen Scheck auf
die Bank von England.
Sie blieben stehen und sahen zu den Sternen auf.
Glänzte nicht einer besonders? Ein Rauhreif fiel,
Die kleine Stimme in der Hütte schwieg.
Ein Mercedes, ein Bently, eine Isetta fuhren an
Und summten wie Libellen. Der Hirte schrie:
Fort mit euch Schafen, fort mit euch Lämmern.
Ist das Kind gestorben? Das Kind stirbt nie.

Marie Luise Kaschnitz

jheronimus bosch

Friede auf Erden!

Da die Hirten ihre Herde
Ließen und des Engels Worte
Trugen durch die niedre Pforte
Zu der Mutter und dem Kind,
Fuhr das himmlische Gesind
Fort im Sternenraum zu singen,
Fuhr der Himmel fort zu klingen:
»Friede, Friede! auf der Erde!«

Seit die Engel so geraten,
O wie viele blut'ge Taten
Hat der Streit auf wildem Pferde,
Der geharnischte, vollbracht!
In wie mancher heilgen Nacht
Sang der Chor der Geister zagend,
Dringlich flehend, leis verklagend:
»Friede, Friede ... auf der Erde!«

Doch es ist ein ewger Glaube,
Daß der Schwache nicht zum Raube
Jeder frechen Mordgebärde
Werde fallen allezeit:
Etwas wie Gerechtigkeit
Webt und wirkt in Mord und Grauen
Und ein Reich will sich erbauen,
Das den Frieden sucht der Erde.

Mählich wird es sich gestalten,
Seines heilgen Amtes walten,
Waffen schmieden ohne Fährde,
Flammenschwerter für das Recht,
Und ein königlich Geschlecht
Wird erblühn mit starken Söhnen,
Dessen helle Tuben dröhnen:
Friede, Friede auf der Erde!

Conrad Ferdinand Meyer

Heilige Nacht

So ward der Herr Jesus geboren
Im Stall bei der kalten Nacht.
Die Armen, die haben gefroren,
Den Reichen war's warm gemacht.

Sein Vater ist Schreiner gewesen,
Die Mutter war eine Magd.
Sie haben kein Geld nicht besessen,
Sie haben sich wohl geplagt.

Kein Wirt hat ins Haus sie genommen;
Sie waren von Herzen froh,
Daß sie noch in Stall sind gekommen.
Sie legten das Kind auf Stroh.

Die Engel, die haben gesungen,
Daß wohl ein Wunder geschehn.
Da kamen die Hirten gesprungen
Und haben es angesehn.

Die Hirten, die will es erbarmen,
Wie elend das Kindlein sei.
Es ist eine G'schicht' für die Armen,
Kein Reicher war nicht dabei.

Ludwig Thoma

Maria

Die Nacht ihrer ersten Geburt war
Kalt gewesen. In späteren Jahren aber
Vergaß sie gänzlich
Den Frost in den Kummerbalken und rauchenden Ofen
Und das Würgen der Nachgeburt gegen Morgen zu.
Aber vor allem vergaß sie die bittere Scham
Nicht allein zu sein
Die dem Armen eigen ist.
Hauptsächlich deshalb
Ward es in späteren Jahren zum Fest, bei dem
Alles dabei war.
Das rohe Geschwätz der Hirten verstummte.
Später wurden aus ihnen Könige in der Geschichte.
Der Wind, der sehr kalt war
Wurde zum Engelsgesang.
Ja, von dem Loch im Dach, das den Frost einließ, blieb nur
Der Stern, der hineinsah.
Alles dies
Kam vom Gesicht ihres Sohnes, der leicht war
Gesang liebte
Arme zu sich lud
Und die Gewohnheit hatte, unter Königen zu leben
Und einen Stern über sich zu sehen zur Nachtzeit.

Bertolt Brecht

Die Hirtenstrophe

Wir gingen nachts gen Bethlehem
und suchten über Feld
den schiefen Stall aus Stroh und Lehm,
von Hunden fern umbellt.

Und drängten auf die morsche Schwell
und sahen an das Kind.
Der Schnee trieb durch die Luke hell
und draußen Eis und Wind.

Ein Ochs nur blies die Krippe warm,
der nah der Mutter stand.
Wie war ihr Kleid, ihr Kopftuch arm,
wie mager ihre Hand.

Ein Esel hielt sein Maul ins Heu,
fraß Dorn und Distel sacht.
Er rupfte weich die Krippenstreu,
o bitterkalte Nacht.

Wir hatten nichts als unsern Stock,
kein Schaf, kein eigen Land,
geflickt und fasrig war der Rock,
nachts keine warme Wand.

Wir standen scheu und stummen Munds:
Die Hirten, Kind, sind hier.
Und beteten und wünschten uns
Gerät und Pflug und Stier.

Und standen lang und schluckten Zorn,
weil uns das Kind nicht sah.
Griff nicht das Kind dem Ochs ans Horn
und lag dem Esel nah?

Es brannte ab der Span aus Kien.
Das Kind schrie und schlief ein.
Wir rührten uns, feldein zu ziehn.
Wie waren wir allein!

Daß diese Welt nun besser wird,
so sprach der Mann der Frau,
für Zimmermann und Knecht und Hirt,
das wisse er genau.

Ungläubig hörten wirs – doch gern.
Viel Jammer trug die Welt.
Es schneite stark. Und ohne Stern
ging es durch Busch und Feld.

Gras, Vogel, Lamm und Netz und Hecht,
Gott gab es uns zu Lehn.
Die Erde aufgeteilt gerecht,
wir hättens gern gesehn.

Peter Huchel

Epiphanias

Die heil'gen drei König mit ihrem Stern,
Sie essen, trinken, und bezahlen nicht gern;
Sie essen gern, sie trinken gern,
Sie essen, trinken, und bezahlen nicht gern.

Die heil'gen drei König sind kommen allhier,
Es sind ihrer drei und sind nicht ihrer vier;
Und wenn statt drei es viere wär',
So wär' ein heil'ger drei König mehr.

Ich erster bin der weiß und auch der schön',
Bei Tage solltet ihr mich nur erst sehn!
Doch ach, mit allen Spezerein
Werd ich sein Tag kein Mädchen mir erfrein!

Ich aber bin der braun' und bin der lang',
Bekannt bei Weibern wohl und beim Gesang.
Ich bringe Gold statt Spezerein,
Da werd ich überall willkommen sein.

Ich endlich bin der schwarz' und bin der klein'
Und kann auch wohl einmal recht lustig sein.
Ich esse gern, ich trinke gern,
Ich esse, trinke und bedank mich gern.

Die heil'gen drei König' sind wohl gesinnt,
Sie suchen die Mutter und auch das Kind;
Der Joseph fromm sitzt auch dabei,
Der Ochs und Esel liegen auf der Streu.

Wir bringen Myrrhen, wir bringen Gold,
Dem Weihrauch sind die Damen hold;
Und haben wir Wein von gutem Gewächs,
So trinken wir drei so gut als ihrer sechs.

Da wir nun hier schöne Herrn und Fraun,
Aber keine Ochsen und Esel schaun;
So sind wir nicht am rechten Ort
Und ziehn unsers Weges weiter fort.

Johann Wolfgang Goethe

Die heil'gen drei Könige aus Morgenland,
Sie frugen in jedem Städtchen:
Wo geht der Weg nach Bethlehem,
Ihr lieben Buben und Mädchen?

Die Jungen und Alten, sie wußten es nicht,
Die Könige zogen weiter;
Sie folgten einem goldenen Stern,
Der leuchtete lieblich und heiter.

Der Stern blieb stehn über Josephs Haus,
Da sind sie hineingegangen;
Das Oechslein brüllte, das Kindlein schrie,
Die heil'gen drei Könige sangen.

Heinrich Heine

Es kommt ein Schiff, geladen

Es kommt ein Schiff, geladen
bis an sein' höchsten Bord,
trägt Gottes Sohn voll Gnaden,
des Vaters ewigs Wort.

Das Schiff geht still im Triebe,
es trägt ein teure Last;
das Segel ist die Liebe,
der Heilig Geist der Mast.

Der Anker haft' auf Erden,
da ist das Schiff am Land.
Das Wort will Fleisch uns werden,
der Sohn ist uns gesandt.

Zu Bethlehem geboren
im Stall ein Kindelein,
gibt sich für uns verloren:
Gelobet muß es sein.

Und wer dies Kind mit Freuden
umfangen, küssen will,
muß vorher mit ihm leiden
groß Pein und Marter viel,

danach mit ihm auch sterben
und geistlich auferstehn,
das ewig Leben erben,
wie an ihm ist geschehn.

Maria, Gottes Mutter,
gelobet mußt du sein.
Jesus ist unser Bruder,
das liebe Kindelein.

Aus dem Elsaß, bearbeitet von
Daniel Sudermann

Mehr konnte die Welt für
den Christ nicht tun.

Bertolt Brecht

Am Weihnachtstage

Durch alle Straßen wälzt sich das Getümmel,
Maultier', Kamele, Treiber; welch Gebimmel!
Als wolle wieder in die Steppe ziehn
Der Same Jakobs, und Judäas Himmel,
Ein Saphirscheinen über dem Gewimmel,
Läßt blendend seine Funkenströme sprühn.

Verschleiert Frauen durch die Gassen schreiten,
Mühselig vom beladnen Tiere gleiten
Bejahrte Mütterchen; allüberall
Geschrei und Treiben, wie vor Jehus Wagen.
Läßt wieder Jezabel ihr Antlitz ragen
Auf jener Säulen luftigem Portal?

's ist Rom, die üpp'ge Priesterin der Götzen,
Die glänzendste und grausamste der Metzen,
Die ihre Sklaven zählt zu dieser Zeit.
Mit einem Griffel, noch vom Blute träufend,
Gräbt sie in Tafeln, Zahl auf Zahlen häufend,
Der Buhlen Namen, so ihr Schwert gefreit.

O Israel, wo ist dein Stolz geblieben,
Hast du die Hände blutig nicht gerieben,
Und deine Träne war sie siedend Blut?
Nein, als zum Marktplatz deine Scharen wallen
Verkaufend, feilschend unter Tempels Hallen,
Mit ihrem Gott zerronnen ist ihr Mut!

Zum trüben Irrwisch ward die Feuersäule,
Der grüne Aaronsstab zum Henkerbeile;
Und grausig übersteint das tote Wort
Liegt, eine Mumie, im heil'gen Buche,
Drin sucht der Pharisäer nach dem Fluche,
Ihn donnernd über Freund und Fremdling fort.

So Israel bist du gereift zum Schnitte,
Wie reift die Distel in der Saaten Mitte,
Und wie du stehst in deinem grimmen Haß
Genüber der geschminkt und hohlen Buhle,
Seid gleich ihr vor gerechtem Richterstuhle
Von Blute sie und du von Geifer naß.

Still ist die Nacht; in seinem Zelt geborgen
Der Schriftgelehrte späht mit finstren Sorgen,
Wann Judas mächtiger Tyrann erscheint;

Dann lüftet er den Vorhang starrend lange
Dem Sterne nach, der streicht des Äthers Wange
Wie Freudenzähre, die der Himmel weint.

Und fern vom Zelte über einem Stalle
Da ist's, als ob aufs niedre Dach er falle,
In tausend Radien sein Licht er gießt.
Ein Meteor, so dachte der Gelehrte,
Als langsam er zu seinen Büchern kehrte:
O weißt du wen das niedre Dach umschließt?

In einer Krippe ruht ein neugeboren,
Ein schlummernd Kindlein; wie im Traum verloren
Die Mutter knieet, Weib und Jungfrau doch.
Ein ernster, schlichter Mann rückt tief erschüttert
Das Lager ihnen; seine Rechte zittert
Dem Schleier nahe um den Mantel noch.

Und an der Türe stehn geringe Leute,
Mühsel'ge Hirten, doch die Ersten heute,
Und in den Lüften klingt es süß und lind,
Verlorne Töne von der Engel Liede:
Dem Höchsten Ehr', und allen Menschen Friede,
Die eines guten Willens sind!

O tauet Himmel, tauet den Gerechten,
Ihr Wolken regnet ihn den wahr und echten
Messias, den Judäa nicht erharrt,
Den Heiligen und Milden und Gerechten,
Den Friedenskönig unter Hasseknechten,
Gekommen zu erwärmen was erstarrt!

Annette von Droste-Hülshoff

Die gute Nacht

Der Tag, vor dem der große Christ
Zur Welt geboren worden ist
War hart und wüst und ohne Vernunft.
Seine Eltern, ohne Unterkunft
Fürchteten sich vor seiner Geburt
Die gegen Abend erwartet wurd.
Denn seine Geburt fiel in die kalte Zeit.
Aber sie verlief zur Zufriedenheit.
Der Stall, den sie doch noch gefunden hatten
War warm und mit Moos zwischen seinen Latten
Und mit Kreide war auf die Tür gemalt
Daß der Stall bewohnt war und bezahlt.
So wurde es doch noch eine gute Nacht
Auch das Heu war wärmer, als sie gedacht.
Ochs und Esel waren dabei
Damit alles in der Ordnung sei.
Eine Krippe gab einen kleinen Tisch
Und der Hausknecht brachte ihnen heimlich einen
Fisch.
(Denn es mußte bei der Geburt des großen Christ
Alles heimlich gehen und mit List.)
Doch der Fisch war ausgezeichnet und reichte durchaus
Und Maria lachte ihren Mann wegen seiner Besorgnis aus
Denn am Abend legte sich sogar der Wind
Und war nicht mehr so kalt, wie die Winde sonst sind.
Aber bei Nacht war er fast wie ein Föhn.

Und der Stall war warm und das Kind war sehr schön.
Und es fehlte schon fast gar nichts mehr
Da kamen auch noch die Dreikönig daher!
Maria und Joseph waren zufrieden sehr.
Sie legten sich sehr zufrieden zum Ruhn
Mehr konnte die Welt für den Christ nicht tun.

Bertolt Brecht

Knecht Ruprecht

Von drauß' vom Walde komm ich her;
Ich muß euch sagen, es weihnachtet sehr!
Allüberall auf den Tannenspitzen
Sah ich goldene Lichtlein sitzen;
Und droben aus dem Himmelstor
Sah mit großen Augen das Christkind hervor,
Und wie ich so strolcht' durch den finstern Tann,
Da rief's mich mit heller Stimme an:
»Knecht Ruprecht«, rief es, »alter Gesell,
Hebe die Beine und spute dich schnell!
Die Kerzen fangen zu brennen an,
Das Himmelstor ist aufgetan,
Alt' und Junge sollen nun
Von der Jagd des Lebens einmal ruhn;
Und morgen flieg ich hinab zur Erden;
Denn es soll wieder Weihnachten werden!«
Ich sprach: »O lieber Herre Christ,
Meine Reise fast zu Ende ist;
Ich soll nur noch in diese Stadt,
Wo's eitel gute Kinder hat.«
– »Hast denn das Säcklein auch bei dir?«
Ich sprach: »Das Säcklein, das ist hier;
Denn Äpfel, Nuß und Mandelkern
Fressen fromme Kinder gern.«
– »Hast denn die Rute auch bei dir?«
Ich sprach: »Die Rute, die ist hier;

Doch für die Kinder nur, die schlechten,
Die trifft sie auf den Teil, den rechten.«
Christkindlein sprach: »So ist es recht;
So geh mit Gott, mein treuer Knecht!«
Von drauß' vom Walde komm' ich her;
Ich muß euch sagen, es weihnachtet sehr!
Nun sprecht, wie ich's hierinnen find'!
Sind's gute Kind', sind's böse Kind'?

Theodor Storm

Weihnachtslied

Vom Himmel in die tiefsten Klüfte
Ein milder Stern herniederlacht;
Es brennt der Baum, ein süß' Gedüfte
Durchschwimmet träumerisch die Lüfte,
Und kerzenhelle wird die Nacht.

Mir ist das Herz so froh erschrocken,
Das ist die liebe Weihnachtszeit!
Ich höre fernher Kirchenglocken
Mich lieblich heimatlich verlocken
In märchenstille Herrlichkeit.

Ein frommer Zauber hält mich wieder,
Anbetend, staunend muß ich stehn;
Es sinkt auf meine Augenlider
Ein goldner Kindertraum hernieder,
Ich fühl's, ein Wunder ist geschehn.

Theodor Storm

Tannennadeln

Nein, bittet nicht, laßt!
Keine Weihnachtstanne.
Nein, schickt den Vater nicht
in den Wald!
Mißtraut dem Wald
und dem bösen Manne,
der hinterm Wald Granatfäuste ballt.

Nein, es geht nicht.
Den Putz in blitzblanken Flittern
wollen wir heut
nicht in Watte betten.
Weil sonst Getroffne,
von tödlichen Splittern
Verwundete dort keine Watte hätten.

Nein, keine Kerzen.
Entsagt den Lichtern.
Vom Weltmeer steigen
die eisernen Drachen,
drin lauern Menschen
mit bösen Gesichtern,
ob Lichtlein in unsern Fenstern wachen.

Nein, sagt nicht,
der Weihnachtsmann solle kommen
mit seinem Sack
voll prächtiger Sachen.
Die Fabrik hat den Mann
in Beschlag genommen,
die Fabrik, wo sie Pulver und Kugeln machen.

Nein, keine Musik
wird diesmal erschallen.
Wie soll denn der armlose Musiker
fiedeln?
Bruder Flötist
ist im Felde gefallen,
so mußt er ins Himmelreich übersiedeln.

Nicht weinen. Was hilfts denn?
Verzieht nicht das Mündchen!
Bald wird die dunkle Welt
sich entschleiern.
Bald muß alles anders werden,
ihr Kindchen.
Dann werdet ihr fröhliche Weihnachten feiern.

Ein Tannenbäumchen wird dastehn,
ein mächtiges,
behängt mit Schmuckzeug
im Überfluß.
Das wird ein Fest sein,
ein wunderprächtiges,
ergötzlich – fast bis zum Überdruß.

Wladimir Majakowski

Weihnachten

Markt und Straßen steh'n verlassen,
Still erleuchtet jedes Haus,
Sinnend geh' ich durch die Gassen,
Alles sieht so festlich aus.

An den Fenstern haben Frauen
Buntes Spielzeug fromm geschmückt,
Tausend Kindlein steh'n und schauen,
Sind so wunderstill beglückt.

Und ich wandre aus den Mauern
Bis hinaus in's freie Feld,
Hehres Glänzen, heil'ges Schauern!
Wie so weit und still die Welt!

Sterne hoch die Kreise schlingen,
Aus des Schnees Einsamkeit
Steigt's wie wunderbares Singen –
O du gnadenreiche Zeit!

Joseph von Eichendorff

Quellenverzeichnis

Bertolt Brecht (1898–1956)
Die gute Nacht. S. 57 f., aus: Bertolt Brecht, Gesammelte Werke. Gedichte. Suhrkamp Verlag Frankfurt am Main 1967, S. 124 f.
Maria. S. 40, aus: Bertolt Brecht, Gesammelte Werke. Gedichte. Suhrkamp Verlag Frankfurt am Main 1967, S. 122

Annette von Droste-Hülshoff (1797–1848)
Am Weihnachtstage. S. 52 ff., aus: Sämtliche Werke. Band 1. München 1973, S. 705–707

Joseph von Eichendorff (1788–1857)
Weihnachten. S. 67 f., aus: Werke. Band 1, © Deutscher Klassiker Verlag Frankfurt am Main 1987, S. 382 f.

Es kommt ein Schiff, geladen. S. 48, aus: Weihnachtsbuch der Lieder, Frankfurt am Main 1975 (insel taschenbuch 157), S. 12 f.

Paul Gerhardt (1607–1676)
Ich steh an deiner Krippen hier. S. 22 ff., aus: Wach auf mein Herz. Die Lieder des Paul Gerhardt. München 1949, S. 26 f.

Johann Wolfgang Goethe (1749–1832)
Epiphanias. S. 45 f., aus: Sämtliche Werke. Band 1. © Deutscher Klassiker Verlag Frankfurt am Main 1987, S. 388 f.

Johann Christian Günther (1695–1723)
Weihnachtsode. S. 33, aus: Sämtliche Werke. Band 2. Leipzig 1931, S. 169

Heinrich Heine (1797–1856)
Die heil'gen drei Könige aus Morgenland. S. 47, aus: Säkularausgabe. Band 1. Berlin 1979, S. 110

Peter Huchel (1903–1981)
Die Hirtenstrophe. S. 41 ff., aus: Gesammelte Werke in zwei Bänden. Band 1. Suhrkamp Verlag Frankfurt am Main 1984, S. 66 f.
Weihnachtslied. S. 20, aus: Gesammelte Werke in zwei Bänden, Band 1, Frankfurt am Main 1984, S. 67 f. © Mathias Bertram

Marie Luise Kaschnitz (1901–1974)
Dezembernacht. S. 34, aus: Gesammelte Werke. Band 5. Frankfurt am Main 1985, S. 334. © Iris Schnebel-Kaschnitz

Wladimir Majakowski (1893–1930)
Tannennadeln. S. 64 ff., aus: Werke in 10 Bänden. Band 1. Suhrkamp Verlag Frankfurt am Main 1980, S. 51 f.

Conrad Ferdinand Meyer (1825–1898)
Friede auf Erden. S. 36 f., aus: Gedichte, Bern 1968, S. 263 f.

Philipp Nicolai (1733–1811)
Wachet auf, ruft uns die Stimme. S. 9, aus: Weihnachtsbuch der Lieder, Frankfurt am Main 1975, S. 14 f.

Novalis (d. i. Georg Friedrich Philipp von Hardenberg; 1772–1801)
Wo bleibst du Trost der ganzen Welt? S. 14 ff., aus: Werke in einem Band, 3. A., München 1984, S. 211

Rainer Maria Rilke (1875–1926)
Advent. S. 18, aus: Die Gedichte, Insel Verlag Frankfurt am Main 1986, S. 98
Geburt Christi. S. 28 f., aus: s. o., S. 617

Friedrich von Spee (1591–1635)
O Heiland, reiß die Himmel auf. S. 12 f., aus: Weihnachtsbuch der Lieder, Frankfurt am Main 1975, S. 22 f.
Zu Bethlehem geboren. S. 30 f., aus: Weihnachtsbuch der Lieder, Frankfurt am Main 1975, S. 134 f.

Theodor Storm (1817–1888)
Knecht Ruprecht. S. 60 f., aus: Sämtliche Werke. Band 1, © Deutscher Klassiker Verlag Frankfurt am Main 1987, S. 76 f.
Weihnachtslied. S. 62, aus: s. o., S. 76 f.

Ludwig Thoma (1867–1926)
Heilige Nacht. S. 38, aus: Gesammelte Werke. Band 6. München 1968, S. 509 f.

Georg Trakl (1887–1914)
Ein Winterabend. S. 10, aus: Gedichte. Frankfurt am Main 1974, S. 59

Verzeichnis der Abbildungen

 Bezugspapier: Anke Rosenlöcher. Gesetzt in der Schrift Garamond. Gedruckt auf holzfreies, alterungsbeständiges Werkdruckpapier der Firma Cordier, Bad Dürkheim, vom Memminger MedienCentrum. Gebunden in Fadenheftung von der Buchbinderei Spinner, Ottersweier. Printed in Germany.
ISBN 978-3-458-19389-0

»Einfach schöne Bücher«

Im Jahr 2012 besteht die Insel-Bücherei seit 100 Jahren, in dieser Zeit sind über 1600 Bände der traditionsreichsten und schönsten Buchreihe Deutschlands erschienen.

Am 6. Juli 1912 erscheinen im Insel Verlag, Leipzig, die ersten zwölf Bände einer neuen Buchreihe. Sie heißt »Insel-Bücherei«, jeder Band, gebunden und mit Buntpapierüberzug, kostet 50 Pfennige. Der erste Band: *Rainer Maria Rilke, Die Weise von Liebe und Tod des Cornets Christoph Rilke.*

Der Insel Verlag führt die Reihe in Leipzig, Wiesbaden, Frankfurt und Berlin bis heute fort. Die Insel-Bücherei präsentiert klassische Literatur, Weltliteratur aus allen Kontinenten und moderne Texte, in Einzelausgaben und in Sammlungen, Bände zu kulturhistorischen Themen und Anthologien: »Weltgeist in der Westentasche« (Uwe Tellkamp).

Alle Bände sind typographisch individuell eingerichtet, mit Illustrationen, Fotografien, Schmuckfarben oder Vignetten versehen, auf holzfreien, alterungsbeständigen Papieren gedruckt, fadengeheftet und in dekorative Überzugspapiere eingebunden.

»Erst der Insel Verlag demonstriert,
was das ist: ein schönes Buch.«
DIE ZEIT